AF476552

COUP D'OEIL

SUR

LES ASTURIES.

NOTES EXTRAITES D'UN VOYAGE EN ESPAGNE.

PAR A. H......i.

PARIS.
IMPRIMERIE DE MADAME DE LACOMBE,
RUE D'ENGHIEN, 12.

1843.

COUP D'ŒIL

SUR

LES ASTURIES.

COUP D'OEIL

SUR

LES ASTURIES.

NOTES EXTRAITES D'UN VOYAGE EN ESPAGNE.

PAR A. H......i.

PARIS.
IMPRIMERIE DE MADAME DE LACOMBE,
RUE D'ENGHIEN, 12.

1843.

COUP D'OEIL

SUR

LES ASTURIES.

Cette longue et merveilleuse muraille qu'on appelle les Pyrénées change admirablement l'aspect des contrées. En traversant le *Puerto de Pajarès*, vous risquez de trouver dans les Asturies le froid et de fortes pluies, tandis qu'en Castille, quelques instans auparavant, la magnificence d'un ciel sans tache se faisait payer par les ardeurs d'un soleil tout africain. Mais les collines s'émaillent de verdure et se boisent, les ruisseaux et les rivières bruissent dans des abîmes profonds, les villages, construits en pierre et non pas en boue, tranchent agréablement au milieu d'une nature, tantôt calme, tantôt agitée, mais toujours riante. Voilà des compensations, je pense, aux chaleurs suffocantes que vous avez perdues. Il est vrai que, géographiquement parlant, vous n'êtes plus en pleine Espagne. Les habitans parlent cependant le Castillan le plus pur, et s'ils ne descendent pas des compagnons du Cid, ils ont pour aïeux les soldats de Pelage. Leur histoire est toujours en lutte avec le roman, tant elle est poétique. Il est bien heureux pour l'Espagne que ce coin de terre, en dehors des limites naturelles, se soit trouvé là pour lui servir de retranchement et pour tenir les Arabes en échec.

On dit que la vue qu'on découvre du *Puerto de Pajarès* sur d'innombrables pics, groupés comme les flèches d'une cathédrale gothique, saisit par son étrangeté sauvage. Les bons Asturiens, y voyant l'image de la perdition, l'indiquent par la dénomination d'*Infierno.* Pendant six mois de l'année, quand le froid amoncelle les neiges, les ours sont les noirs démons qui règnent dans ces lieux. Ce n'est qu'après être descendu pendant une heure à peu près, au milieu d'une obscurité profonde, jetée comme une toile sur une belle décoration, que j'arrivai, pour passer la nuit, au village de ***Pajarès***, bâti sur une pente très inclinée. Dans une de ces rues tortueuses accessibles seulement aux bœufs et aux piétons, une *fonda* nous recueillit. Une jeune et robuste montagnarde, venue à notre rencontre, et qui n'était rien moins que la nièce de notre hôtesse, chargea avec une agilité merveilleuse nos trois sacs sur ses vigoureuses épaules et nous installa dans deux pièces avec trois lits. La *galère* resta sur le chemin avec les muletiers, ce qui n'est pas étonnant, car une galère, si vous voulez savoir ce que c'est, a l'aspect et la dimension d'une voiture de roulage en France. Dix ou douze personnes s'y casent d'ordinaire fort incommodément, les jambes allongées ou rentrées à la mode orientale, sur une espèce de plancher assez dur formé par les bagages à transporter et des sacs d'avoine, le tout recouvert de nattes grossières en guise de tapis. Cet affreux véhicule, où les hommes sont cahotés comme des veaux conduits à la boucherie, n'avance qu'à raison d'une lieue à l'heure, malgré les huit ou dix mules qui y sont attelées. Néanmoins ce mode de voyager, qui fait concurrence aux diligences, quand il n'y supplée pas, paraît encore assez commode aux Espagnols, le peuple le plus arriéré, pour le *comfort*, que je connaisse en Europe. Je me rappelle à ce sujet qu'étant à Grenade, je demandai à la première danseuse du théâtre, délicieuse Sévillane nouvellement arrivée, si elle était venue par la diligence, elle me répondit très naturellement : « Nous autres gens de théâtre, nous ne voyageons qu'en galère... » Quant à la galère qui nous transportait, c'était vraiment une bonne fortune que de l'avoir trouvée à *Léon*, l'antique et glorieuse capitale, où, en guise de chevaux sellés et bridés, on nous avait offert des mules avec des bâts et des licous.

Le lendemain, nous pûmes avoir une idée de la hauteur à laquelle nous nous étions élevés, en descendant une grande partie de la journée. Les montagnes, toutes couvertes d'une luxuriante végétation, ne cessaient de nous environner, s'éloignant parfois pour faire place à des vallons richement cultivés, et en se rapprochant tout-à-coup pour encaisser quelque torrent paisible comme un ruisseau. L'eau et les arbres ne manquent pas dans ce fragment des Asturies, bien qu'il n'y ait, à proprement parler, ni rivières, ni forêts. *Campomanès*, village pittoresquement situé, et *Mierès*, espèce de gros bourg, dans une position également jolie, offrent des lieux de halte agréables sur la route d'Oviedo.

Les hameaux dispersés de tous côtés annoncent cependant une terre populeuse. A Mierès on reconnaît des traces de mercure. Un tailleur de l'endroit est le seul homme qui sache extraire, au grand étonnement des paysans, le mercure du minerai de cinabre qui le renferme ; aussi passe-t-il presque pour un sorcier. Dans le bon vieux temps de feu l'inquisition, on l'aurait peut-être brûlé. Plaisanterie à part, les procédés les plus simples de la chimie ne sont encore popularisés dans aucun pays, quelque civilisé qu'il se prétende.

Oviedo, l'ancienne *Ovetum*, capitale des Asturies, ne pouvait manquer de s'étendre pompeusement dans une de ces vertes vallées qui viennent si fréquemment réjouir la vue dans le nord de l'Espagne. De quelque côté qu'on y arrive, on croit voir surgir une grande cité. La cathédrale, dominant de toute la hauteur de ses flèches gothiques des maisons basses et chétives, ne contribue pas peu à cette illusion.

L'intérieur de la ville n'a rien d'imposant et ne porte pas le cachet de l'antiquité. Quelques couvens, le palais du comte Campo-Sagrado, et surtout la cathédrale, si majestueuse de loin, font exception à cette règle. Le dernier édifice que je viens de nommer, remarquable par le bel ensemble de son architecture, ne mérite pas de description détaillée. Ce qui lui donnait une immense importance sous le règne de la dévotion, aujourd'hui détrônée, c'était sa *camera santa*, petite cellule fermée par plusieurs portes, qui ne s'ouvrait qu'au voyageur accompagné de deux chanoines du chapitre. On y garde précieusement un amas de reliques, que la toute-puissance de Dieu fit arriver dans une arche merveilleuse fabriquée par les apôtres. Parmi ces curiosités pieuses, on distingue : un pain de la dernière Cène, de la manne qui tomba dans le désert ; du lait de la Sainte-Vierge ; un des trente deniers pour lesquels Jésus-Christ fut vendu ; une pièce du manteau d'Elie ; une boucle des cheveux de sainte Madeleine ; une partie de la verge avec laquelle Moïse divisa les eaux de la mer Rouge ; une sandale de saint Pierre ; un portefeuille en maroquin du même apôtre ; le portefeuille de saint André, en cuir de Russie ; une croix d'or enrichie de pierreries, fausses, par parenthèse, que les anges fabriquèrent exprès pour la cathédrale d'Oviédo ; une autre croix, à laquelle Pelage dut toutes ses victoires sur les Maures, etc. Le chanoine qui m'expliquait ces choses, voyant que je m'efforçais vainement de retenir un sourire tant soit peu incrédule, me frappa amicalement sur l'épaule en me disant : « Nous nous comprenons ; » et, sans se gêner davantage, il se mit à lancer une volée d'épigrammes Voltairiennes sur les reliques et sur la foi elle-même, Dieu me pardonne. Cette simple anecdote prouve assez que la réaction contre les idées religieuses se manifeste jusque dans les sanctuaires, autrefois si vénérés, qui leur sont consacrés. La cathédrale, dédiée à San-Salvador, a donné lieu à une étrange méprise de M. Quetin, auteur d'un guide en Espagne ; il en a fait un triple emploi, en indiquant, comme dignes de l'attention du voyageur, trois églises : la *cathédrale*, *San-Salvador* et *Saint-Sauveur !* — Comprend-on qu'on écrive et qu'on imprime avec une telle légèreté?...

Je n'ai pas cité, parmi les édifices remarquables d'Oviedo, la belle maison des Enfans-Trouvés, parce qu'elle est située hors de la ville. Vis-à-vis est la promenade fashionable, longue et belle allée, d'où la vue plonge sur une campagne fertile, embellie par un aqueduc de quarante arches.

Sous le rapport hygiénique, les Asturies étant la province la plus arriérée de l'Espagne, au point qu'il est impossible de se procurer un bain même à Oviédo, je m'estimai heureux de trouver, à une lieue de la *capitale* (pour parler comme les habitans), une source thermale enclavée dans un établissement assez bien tenu. Ces eaux sont ferrugineuses et remédient, dit-on, à la stérilité des femmes; mais ce n'est pas là le défaut ou la maladie des Asturiennes, qui produisent des enfans avec une facilité proverbiale. Celles qu'on verrait aux bains de *Las Caldás* n'y seraient poussées que par un sentiment de propreté; aussi n'y en ai-je jamais rencontré.

Un étrange véhicule, disposé à l'intérieur comme un petit omnibus, et par l'extérieur rappelant assez une voiture cellulaire, circule maintenant entre Oviedo et Gijon. Suspendue sur des courroies, cette disgracieuse machine broie les os beaucoup moins qu'une galère et paraît comme un progrès de la civilisation au voyageur fatigué de chevaucher sans cesse par monts et par vaux. Cinq mules, dirigées par un *mayoral* et un *sagal,* y sont attelées et font, sur une excellente route, quatre lieues espagnoles en trois heures trois quarts, célérité qui tient du prodige aux yeux des Asturiens, parmi lesquels le temps n'est pas plus apprécié que dans le reste de l'Espagne. Le mayoral, véritable Figaro plein d'intelligence, est le propriétaire de la voiture, qu'il a achetée des héritiers d'un ancien général pour la somme de 3,000 réaux. Il s'appelle Rosendo, honnête homme qui tâche de complaire à ses pratiques de toutes les façons. On aime à trouver cette universalité chez une nation où, loin d'outre-passer les attributions qui lui sont naturellement dévolues, chacun s'étudie à n'en remplir que la moitié....

Gijon s'étend entre deux collines, sur une langue de terre étranglée par les eaux de la mer, de manière à présenter un véritable X. Ses rues sont bien percées, larges et propres pour une ville Espagnole. Parmi ses maisons, presque toutes teintes en blanc, se distingue le beau palais de la famille Santestevan, en marbre jaune que le temps a assombri d'une couche foncée. Cette famille est la plus riche des Asturies; elle jouit de 200,000 francs de rentes, dit-on, en propriétés territoriales. A ceux qui s'étonnent qu'on enfouisse une existence riche et désœuvrée dans une espèce de bourg, il n'y a qu'à rappeler cette idée de César, qui se trouve plus souvent qu'on ne pense dans les esprits vulgaires : « J'aime mieux être le premier dans une bicoque que le second à Rome. » — Le port de Gijon est bordé d'un quai élégant; malheureusement l'entrée en est très dangereuse. C'est à Gijon que naquit le célèbre don Gaspar Melchior de Jovellanos, qui y fonda un bon collége, connu sous le nom d'Institut Asturien. Cet honnête citoyen est révéré dans toute la province comme un grand homme, et Oviedo lui a élevé un monument à la porte qui conduit à Gijon, comme pour indiquer aux habitans de cette ville ce que depuis trop long-temps ils négligent de faire.

Au nom de Jovellanos, la reconnaissance publiblique aurait bientôt eu à ajouter celui d'un autre homme, si la mort ne l'avait surpris au plus beau moment de la vie : je veux parler de M. Aguado que le *principaldo* des Asturies était tout prêt à révérer comme un dieu. Les projets de ce riche banquier étaient immenses. S'emparer d'une mine de charbon d'excellente qualité, n'avait été de sa part qu'un commencement d'exécution. « Où l'on a du charbon, on a tout, » avait-il dit avec raison. Une mine de fer, voisine de la houillère, n'avait pas été difficile à trouver, et les premiers hauts-fourneaux connus dans l'Espagne septentrionale eussent été établis pour élaborer le fer suivant les progrès de l'industrie Européenne. Un chemin, achevé déjà, joignant Sama à Gijon, dont le port eût été élargi et rendu commode, ouvrait un débouché au charbon et aux métaux, qui abondent presque tous dans les Asturies. Les principaux couvens, tels que ceux de Corios, de Val de Dios, devaient être achetés pour être convertis en manufactures de toute espèce. « Proposez-moi tout ce que vous voudrez, avait dit M. Aguado en arrivant à Oviedo, pourvu que le pays en retire de l'utilité, dussé-je ne faire qu'un mince bénéfice, je l'entreprendrai. J'apporte quinze millions de francs que je veux répandre dans les Asturies. »— Qu'on juge de l'essor que cette somme d'argent eût fait prendre au commerce et à l'industrie, du bien-être qui en serait résulté pour une population misérable au milieu des trésors que la nature lui a accordés, de la civilisation, enfin, qui serait née du commerce, de l'industrie et du bien-être général, et l'on ne s'étonnera plus si le nom de M. Aguado résonne ici partout. Mille versions courent sur sa mort, qui m'a été vingt fois racontée. Je puis garantir l'authenticité du récit que je vais donner, et que des témoins oculaires et dignes de foi pourraient attester.

M. Aguado était attendu dans les Asturies au mois de janvier. Diverses circonstances l'ayant retenu à Madrid, il ne traversait qu'au mois d'avril le Puerto de Pajarès, qui se trouvait couvert de neige au point que la route était impraticable. L'opulent financier s'arrêta deux jours dans la cabane d'une villageoise pauvre et déguenillée, attendant que les paysans loués par lui eussent frayé un chemin qui lui permît de passer. Les travaux achevés, il partit ; mais bientôt des neiges nouvellement amoncelées l'obligèrent à mettre pied à terre pour arriver au village de Pajarès, en abandonnant pour quelques heures ses équipages. Vivant depuis long-temps dans une atmosphère de luxe et d'élégance, le marquis de Las Marismas prit son parti comme un gentilhomme du siècle passé, en riant de ses mésaventures. Le froid qui put le pénétrer n'affecta à ce qu'il paraît nullement sa santé. Il passa trois jours à Oviedo, plein de gaîté, de vie et de projets. Les habitans de la capitale des Asturies le reçurent à bras ouverts ; toutes les dames étaient à leurs fenêtres ou à leurs balcons, en élégante toilette, comme pour fêter une solennité. A Gijon, un triomphe plus grand encore l'attendait : tous les bâtimens dans le port se pavoisèrent, la population jetait des houras en le recevant avec un enivrement sans bornes. Bien que le grand banquier, qui venait surtout augmenter l'importance de la principale ville maritime des Asturies, s'attendît à y être accueilli avec certaines démonstrations de joie, il n'avait pas compté sur une semblable frénésie. Son cœur débordait..... La vanité humaine si naturelle, pour ne pas dire si inévitable en pareille circonstance, le rendit presque fou, et tout le monde remarqua, quand il revint d'une courte promenade à la posada de l'*Aquila d'oro*, la rougeur extraordinaire de son visage. Le dîner étant servi, il se mit à table, et sans offrir le potage à ses convives, il se servit le premier. Il mangea trois ou quatre cuillerées d'un air troublé. En ce moment quelques personnes de sa suite, entre autres Minano, le célèbre géographe, se levèrent, étonnés d'un fait inouï dans les fastes de la courtoisie Espagnole, en s'écriant : « Monsieur le Marquis, vous êtes malade! » Ce qui donnait plus de poids à cette idée, c'est que M. Aguado, ordinairement assez causant, n'avait pas prononcé une seule parole depuis qu'il était rentré, malgré la bonne humeur qu'il avait montrée pendant la promenade. Surpris ou éveillé en quelque sorte par l'apostrophe de ses amis, il se leva et se laissa entraîner dans une pièce voisine de la salle à manger ; le sang lui montait à la tête avec une rapidité effrayante, et au bout de quelques instans, il se laissa tomber sur un canapé comme un corps mort. Une apoplexie foudroyante venait de le tuer. Son médecin, présent à toute cette péripétie, ne perdit pas une minute pour le saigner. Les secours de l'art ne furent point épargnés, ni les soins les plus empressés..... Tout cela ne servit qu'à faire respirer faiblement le moribond, qui ne r'ouvrit les yeux qu'à demi et s'éteignit en plaçant la main sur son cœur. C'est là surtout qu'il avait été frappé. Il faut peut-être plus de force de caractère pour supporter la bonne fortune que la mauvaise. Cette force, l'ex-débitant de cigares avait su la déployer en s'élevant comme par miracle à une haute prospérité; mais il ne pouvait pas toujours l'avoir. Aussi les habitans de Gijon ne calculèrent-ils pas la portée de leur enthousiasme, en accueillant M. Aguado dans leurs murs comme si c'eût été Pelage ou le Cid.

Gijon est un séjour naturellement malsain, et l'étrange idée qu'on eut d'en faire une forteresse contribua beaucoup à y augmenter l'insalubrité de l'air. Des remparts parfaitement inutiles furent érigés et entourés de fossés où s'est établie une eau croupissante. Ceci n'empêche pas quelques riches négocians retirés de couler une vie monotone dans cet ignoble trou que Jovellanos s'évertua à métamorphoser en ville, avec une intention louable, sans doute, mais peu éclairée. Ces négocians se sont la plupart enrichis par l'affreux trafic de la chair humaine, qui se fait encore sur une vaste échelle dans les colonies espagnoles, grâce à la coupable connivence des autorités, du gouvernement et de la presse. On sait qu'à Cuba l'importation des nègres monte annuellement à 23,000 individus! Le droit de visite, cette pure inspiration de la philanthropie, ne pouvant avoir une efficacité pleine et entière tant que la France et les Etats-Unis n'y auront pas accédé franchement, l'ordre de choses actuel, favorable à d'odieuses spéculations, menace de montrer encore beaucoup de fortunes impurement acquises comme celle d'un habitant de Gijon, évaluée à deux millions de francs. Un superbe bâtiment, fin voilier, récemment arrivé d'un long et mystérieux voyage, lui appartenait, et portait le nom de Juliana, celui de sa femme! Or, ce bâtiment, consacré à l'amour conjugal, avait servi et sert encore à l'infâme commerce qui brise tous les liens sociaux et foule aux pieds tous les sentimens.

Villa Alegra, village propre et coquet où l'on tombe sur un grand chemin après avoir voyagé dans une jolie contrée traversée seulement par des sentiers, est tout-à-fait digne de son nom, et annonce agréablement *Avilès*, ville quasi maritime, qui, à mon arrivée, se donnait des airs d'importance. Une foire annuelle, renommée dans le pays, y avait fait affluer une partie de la population des *consejos* voisins. A la marée basse, Avilès semble couchée au bord d'une rivière tarie. Dès que la mer remonte, tout change d'aspect : une véritable rade vient se former, malheureusement trop peu profonde et trop peu sûre pour offrir un abri même à des bâtimens de petite dimension, obligés tous de s'arrêter à l'extrémité du golfe, au château de San-Juan, port assez mauvais. Des rues régulières, aboutissant à une grande place, des maisons propres à la rigueur, et beaucoup de gracieux visages de femmes m'ont impressionné favorablement pour Avilès, qu'orne un splendide palais remarquable par son écusson, et que rehausse davantage à mes yeux une industrie naissante. Un Français, M. Laurent, vient d'établir dans le couvent de la Miséri-

2

corde, que le gouvernement lui abandonne presque pour rien, une filature qui promet de prospérer.

A une lieue et demie à l'ouest d'Avilès, se trouve la houillère de la Compagnie belge. Située au bord de la mer, sur une inclinaison de montagne, de manière que le charbon, arrivant de la galerie d'exploitation sur une plate-forme, est immédiatement transversé dans les navires, cette mine est la seule vraiment en activité dans le pays. Le charbon, rempli de schiste, maigre et sec, est peu propre aux travaux métallurgiques. Quant aux avantages de la position, ils ne sont qu'illusoires, la voie maritime étant inaccessible, une grande partie de l'année. Cet établissement, dirigé avec habileté, date de quatre ans et mériterait un meilleur sort que celui que lui réserve l'avenir.

En retournant à Oviedo, je visitai deux autres houillères. *Ferroñès*, où l'on fait d'intelligentes études sous la direction de M. Paillet, ingénieur distingué, promet de donner du charbon peu inférieur à celui de Sama; on en obtient déjà, au moyen de procédés nouveaux, 60 pour 100 de coke. Quand la route projetée entre Avilès et la capitale des Asturies aura été exécutée, Ferroñès se trouvera fort bien placée, ainsi que *Santo-Firme*, houillère voisine, appartenant à M. Safont, banquier de Madrid. Percée de deux belles et vastes galeries, celle-ci a cessé d'être exploitée. Ce qui lui a beaucoup nui, ce sont les travaux faits par les paysans dans les concessions mêmes. Le gouvernement met peu d'entraves à ces empiétemens frauduleux, en se fondant sur un principe juste, à mon avis. « Fournissez, dit-il en quelque sorte aux concessionnaires, à la Corogne et au midi de l'Espagne assez de houille pour alimenter leurs fabriques et leurs usines, et dès-lors nous nous faisons forts d'empêcher toute usurpation au préjudice des droits qui vous ont été accordés. Mais jusque là l'illégalité est absoute par la nécessité. » Les paysans eux-mêmes, qui ne retirent de leurs propres travaux que deux réaux par jour, *y compris le transport*, et qui en gagnent quatre en travaillant comme ouvriers, ne demandent qu'à être employés. En attendant, l'abus continue et ne cessera que lorsque les entreprises seront faites par des hommes qui comprennent l'industrie, et non par de honteux *carottiers*.

Sur la route de Léon à Oviedo, je n'avais fait aucune attention à un joli village éloigné d'une lieue et demie de cette dernière ville. Situé dans un pittoresque vallon où se dessine, comme une ruine antique, un pont de pierre tapissé de lierre grimpant, *Oloniego* ne doit pourtant pas échapper aux regards de tout amateur de beaux tableaux offerts par la nature et l'art qui s'ignore. Mais j'essayais peut-être de dormir dans la triste galère dont j'ai parlé, et la pluie, qui tombait à gros torrens, pouvait aussi me cacher beaucoup de choses. Quoi qu'il en soit, je revins à Oloniego, moins pour le paysage que pour une mine de houille qu'exploite une compagnie espagnole composée d'une douzaine d'individus, chacun desquels a dû verser 2 ou 3,000 fr. pour sa part. C'est ainsi que les habitans de ce pays entendent l'industrie, prêts à battre en retraite, si on leur fait un nouvel appel de fonds. Il n'est pas étonnant que l'exploitation marche lentement, et de plus la qualité du charbon n'est pas satisfaisante. Les ouvriers, par innovation, ne sont pas payés à la journée, mais à raison du travail qu'ils font, ce qui les engage, contrairement aux habitudes du pays, à travailler la nuit comme le jour.

Deux autres houillères, dont j'ai encore à parler, sont situées près du *Nalon*. Ce fleuve, le plus beau et le plus large des Asturies, qu'il divise en deux parties presque égales, coule dans un lit peu profond. Les pluies d'hiver le grossissent sans le rendre propre à la navigation. Ses rives, m'a-t-on assuré, sont partout également riantes. Ce que je sais, c'est que d'Oloniego à *Tudela*, il traverse une contrée délicieuse, où de nombreux pommiers viennent dorer de vertes forêts de chênes et de châtaigniers. Mais en entrant dans un pli montueux, à quelque distance du fleuve, la nature s'étale tout-à-coup sauvage et nue, et c'est là que le terrain houiller trahit sa plus grande richesse. Des rocs difformes attristent la vue que console un ruisseau limpide, torrent parfois, qui coule constamment sous vos pieds, tour-à-tour tranquille et terrible habitant d'un affreux ravin, au fond duquel ont été percées des galeries de recherche. Le charbon excellent, même à la surface pour ainsi dire, est le meilleur des Asturies et peut rivaliser avec celui de New-Castle. Cette houillère, dont l'exploitation promet de grands avantages, a été acquise par une compagnie anglaise qui songe, dit-on, à établir un chemin de fer le long du Nalon pour aboutir, soit à *Pravia*, où la navigation commence, soit à *Luanco*, destiné par la nature à devenir un port des plus commodes. Dans ce dernier cas Gijon perdrait en peu de temps sa haute position mal justifiée, et l'exploitation de Tudela, largement organisée, resterait de longues années sans concurrence redoutable dans le pays.

Sama est un village spacieux, pittoresquement jeté au milieu d'un groupe de montagnes qui font plus ou moins partie des 53 *pertenences* (1) ou concessions de M. Aguado. Sur cette vaste étendue il n'y a encore que deux galeries ouvertes où travaillent une quarantaine d'ouvriers. Le charbon, quoique de très bonne qualité, ne vaut peut-être pas celui de Tudela. Les paysans exploitent depuis un

(1) Une pertenence contient 600 vares carrées (une vare fait 83 3|4 centimètres). Le gouvernement, pour mettre sans doute des obstacles à l'accaparement, n'accorde qu'une pertenence à un pétitionnaire, trois à deux pétitionnaires, et quatre à trois pétitionnaires. Néanmoins il est facile d'éluder la loi en mettant en avant des hommes de paille : ainsi M. Aguado, pour ses 53 pertenences, emprunta jusqu'au nom de ses domestiques.

demi-siècle ces mines comprises sous le nom général de *Langreo*, concejo dont Sama est le chef-lieu. Sous le ministère de Jovellanos, des travaux importans y furent accomplis, et le Nalon devint navigable. Mais le fleuve, mal dompté, ne se plia qu'un moment aux exigences de l'homme, et reconquit bientôt avec violence sa sauvage liberté. J'ai déjà dit qu'une belle route conduit de Sama à Gijon : longue de six lieues, elle n'a coûté que 5 millions de réaux. Les droits de passage en ont été concédés pour vingt ans à M. Aguado, son créateur, ce qui, avec certains avantages sur le sel consommé dans la province des Asturies, doit amortir la somme déboursée et produire un bénéfice considérable.

Ce que les Asturies offrent de plus intéressant, ce qui impressionne puissamment l'artiste, anime l'historien et émeut le patriote de tous les pays, *Cobadonga*, théâtre poétique de la gloire de Pélage, méritait une pieuse visite. Malgré un ciel gris se dissolvant de temps en temps en pluie sans s'éclaircir, et assombrissant depuis dix jours la vallée d'Oviedo, je résolus de partir avec deux amis. Le vaurien de Rosando nous loua trois mauvaises rosses : l'une boîtait aux montées et aux descentes, l'autre avait le cou sillonné de plaies, et la troisième se sentant prise du haut-mal se couchait inopinément. En somme, c'étaient pourtant les meilleurs coursiers de la capitale, et les seuls qu'on voulût nous louer sellés et harnachés. Toute hésitation étant inutile, nous prîmes bravement notre parti. Munis chacun d'un sac avec une provision de linge pour huit jours, nous enfourchâmes nos méchantes montures, qui, il faut leur rendre cette justice, marchèrent passablement pendant les trois premières heures de notre voyage. La route est excellente jusqu'à la *Pola*, située à deux lieues et demie d'Oviedo. Avant d'arriver dans ce village, nous eûmes à traverser une large vallée au milieu de laquelle s'élève *Norenia*, petit bourg fondé, dit-on, par des cordonniers suisses, dont les descendans ont gardé le métier originaire, tout en devenant de bons paysans espagnols. Ce qui donne une certaine vraisemblance à cette tradition, c'est qu'on pourrait croire que les fondateurs ont fixé là leur séjour en souvenir de leur patrie. La campagne environnante, pleine d'ondulantes collines ou boisées ou cultivées, est comme le reflet de ces tranquilles endroits de la Suisse où la nature, fatiguée de ses soulèvemens, semble se reposer. Pour ajouter à la similitude, quelques prairies diversifient le paysage. Il y manque cependant un lac remplacé tant bien que mal par un paisible courant d'eau, *Rio-Noria*. La Pola, misérable pêle-mêle de tristes maisons, masquées par des orios et des paneras (1), a peut-être également reçu jadis une colonie suisse, car les cordonniers y abondent comme à Norenia.

(1) Les orios et les paneras donnent un caractère particulier aux villages et aux hameaux asturiens. Ce sont des greniers isolés élevés de trois à quatre pieds au-dessus de la terre sur des piliers qui portent en guise de chapiteaux des pierres carrées ou grossièrement arrondies. Un escalier très bas conduit à une petite porte où l'on n'entre qu'au moyen d'une enjambée. Cette architecture aérienne a, dit-on, la propriété de conserver en bon état les grains et les produits agricoles de toute nature, qui autrement pourraient se détériorer. Elle sert encore à les garantir contre les rats très nombreux dans toute la contrée. Les paneras et les orios ne diffèrent que par le nombre de leurs piliers : les premiers en ont six ou davantage, les seconds jamais plus de quatre.

Il nous fallut ensuite cinq heures pour atteindre le hameau de *Vinon.* Croyant prendre une route plus directe que celle qui passe par *Infiesto*, nous eûmes à gravir d'interminables montagnes par des sentiers à peine tracés. *L'ama*, c'est-à-dire l'hôtesse de la fonda de la Pola nous avait assuré cependant que nous n'avions qu'un trajet de deux lieues et demie : il y en avait plus de cinq. Preuve nouvelle qui nous arrivait après plusieurs autres qu'on ne doit jamais se lasser d'interroger dans les contrées que nous parcourions, vu que les premiers renseignemens, quelqu'affirmatifs qu'ils paraissent, sont rarement vrais.

Les montagnes rapprochées long-temps, de manière à former un ravin, au fond duquel coule un limpide ruisseau, s'éloignent assez brusquement pour permettre à ce ruisseau de devenir une rivière navigable, le *Rio-Linarès*, qui va baigner *Villaviciosa*, moelleusement couchée dans une délicieuse vallée, à mon avis la plus belle de la province. D'où vient le nom piquant de cette petite ville ? Les érudits qui l'habitent en font remonter l'origine à Charles-Quint, qui y arriva, disent-ils, en traînant à sa suite une foule de courtisanes, dont les débordemens firent une telle impression sur les honnêtes Asturiens qu'ils la rendirent indélébile, en attachant à l'ancien nom de *Mellao* celui de Villaviciosa, qui seul est resté. Je ne sais si les femmes y ont conservé les traditions d'une cour galante ; mais la population, peu nombreuse quoique serrée, semble en général avoir emprunté à cette époque de fêtes une bruyante façon de vivre, qui la fait paraître toujours endimanchée. On raconte encore que Charles-Quint, voulant quitter Mellao, se trouva dans l'embarras pour avoir les chevaux et les mules nécessaires au transport de ses bagages. Un habitant, considéré dans son bourg, se mit en quatre pour obvier à cette difficulté, et réussit tellement à la satisfaction de l'empereur, que celui-ci le récompensa en l'ennoblissant par le titre de marquis *del Real-Transporte*. Un rejeton de cette famille habite aujourd'hui, sur une charmante colline au bord du Linarès, en vue de Villaviciosa et de la route d'Oviedo, une petite maison de campagne tranchant, par sa blancheur, avec le vert bocage qui l'entoure et où elle semble tapie comme une colombe dans son nid. Cette heureuse habitation, qui vous déroberait si voluptueusement à la foule, avec une femme chérie, on l'appelle pourtant, sans respect pour le blason du noble marquis, *la casa de l'Usurero*. C'est qu'en effet le possesseur actuel, pour augmenter ses revenus, qui dépassent 50,000 réaux (12 à 13,000 fr.), fortune notable dans le pays, prête à gros intérêts aux cultivateurs, qu'il exproprie à la première difficulté. Bien qu'il soit généralement exécré, on ne cesse d'avoir recours à lui. Cet appétit de gain est peut-être nourri, dans le cœur du marquis del Real-Transporte, par la jalousie que lui inspire la fortune, beaucoup plus considérable, d'une autre famille noble qui possède la maison la mieux bâtie de Villaviciosa.

Le Linarès, que la marée rend navigable deux fois par jour, forme, près de Villaviciosa, un petit port qui ne contient que trois gabares, suffisantes, à ce qu'il paraît, pour tous les transports qui se trouvent à faire. Chacune de ces gabares, toute chargée, accomplit un voyage à la mer, distante d'une lieue, moyennant 56 réaux, répartis de la manière suivante : 30 pour le propriétaire, 10 pour le pilote, et

16 pour les deux mariniers. Ainsi sont expédiés, jusqu'aux bâtimens qui les attendent, les noisettes, les châtaignes et le charbon de terre. Pour cette dernière production, qui arrive de Sama et d'autres lieux plus éloignés, il y a sur le port un magasin de dépôt, et ce n'est pas un spectacle des moins curieux que de voir tous les matins arriver une caravane de chevaux chargés chacun de deux sacs, pesant ensemble deux quintaux et demi d'Espagne, et renfermant une houille toujours de bonne qualité.

Nous eûmes à repasser par la longue gorge de Vinon pour nous rendre à *Infiesto.* Toute cette contrée est un véritable jardin : les châtaigniers, les figuiers, les noyers, les noisetiers, les pommiers, les chênes et les hêtres, varient agréablement la végétation. Les montagnes, cultivées jusqu'au sommet, sont parsemées de villages qui se dessinent d'une manière gracieuse avec leurs toits rouges. Quelque temps après que le Linarès eut cessé de venir à notre rencontre, la *Sella*, rivière assez large, mais obstruée de cataractes, apparut pour nous guider jusqu'à Infiesto. La *posada* où nous fûmes admis, est située auprès d'un de ces pittoresques ponts de pierre, à trois arches, avec des gares coniques qui se rencontrent si fréquemment en Espagne.

La Sella continua de nous accompagner le lendemain pendant toute la matinée. Une rivière, qui n'est que sa tributaire et qu'on est porté à confondre avec elle, la remplace ensuite. C'est la *Vua*, qui encercle à demi *Cangas de Onis*. Ancienne capitale, non de l'Espagne, mais des Espagnols, ce *pueblo* (je commence à m'ennuyer de qualifier de villes des groupes de trente à quarante maisons), ce village ou ce bourg, si vous voulez, vous présentant à l'improviste quelques maisons toutes propres, toutes blanches et toutes neuves, ferait oublier qu'on est au cœur des Asturies. Le pont seul, semblable à une montagne pointue, reporte vers ces temps où les Arabes exécutaient en pierres les rêves des Mille et une Nuits, et où leurs tributaires, luttant avec eux de foi et de courage, marchaient sur leurs traces dans les champs de l'imagination. L'arche du milieu est d'une hauteur tellement extravagante, qu'on croirait vraiment que des bâtimens y passent à voiles déployées, et la Vua fournirait à peine un bain de pieds en cet endroit. L'importance de Cangas de Onis est relevée encore davantage par un tribunal de première instance que lui envie Riba de Sella.

Le but de mon pélerinage allait être atteint. La nature, se dépouillant de sa robe de verdure, devient triste, grave et sévère, comme pour permettre à l'esprit de se recueillir et de se préparer à un spectacle plein de majesté. Les montagnes grandissent comme de fantastiques apparitions ; puis elles se dressent tout-à-coup en gigantesques murailles de marbre gris, sillonné de veines noires. Un simulacre de végétation maigre et chétive, qui apparaît à de rares intervalles, ne fait qu'augmenter l'horreur du tableau. On dirait la vie et la création sur le point d'être vaincues par la mort et le chaos. Un ravin sinueux et profond, qui tantôt s'élargit et tantôt se resserre, qui semble se perdre et reparaît en bizarres ramifications, est le seul sentier qui existe dans un dédale de rochers qu'on pourrait appeler le labyrinthe de l'enfer. C'est ici que les Maures furent massacrés par milliers à la bataille de Cueva-Longa, devenu, par corruption, *Cobadonga*. Une tradition curieuse, reproduite par Mariana et adoptée dans les Asturies avec une foi entière, circule au sujet de cette bataille. Pélage avait fait, dit-on, couvrir de peaux de vaches quelques hommes qui se dispersèrent en fuyant à l'approche des infidèles, jusqu'à ce qu'ils les eussent attirés dans le défilé. Alors les chrétiens, qui occupaient toutes les hauteurs, les accablèrent sous le poids de rochers roulés à force de bras. Ils achevèrent ensuite la victoire en sortant avec impétuosité des réduits ténébreux où ils s'étaient postés. Une montagne à pic, plus nue que les autres, offre une excavation naturelle qui simule assez bien deux grottes superposées l'une à l'autre. Dans la plus élevée se trouve la sépulture du roi Pélage, renfermée jadis dans une église qui avait été élevée sur cette place même, vers le temps d'Alphonse Ier, et qui brûla par accident en 1778. Une plate-forme, au niveau de cette construction disparue, est maintenant occupée par une autre église de très petite dimension et un couvent, où l'on remarque une cour d'époque très ancienne et qui appartint aux Bénédictins et ensuite aux Augustins. De la grotte inférieure jaillit une belle nappe d'eau, qui va grossir, sinon former la Vua. Cette cascade, à laquelle font cortége de jolies cascatelles qui tombent en minces filets, sortant ainsi mystérieusement du sein d'un roc de marbre, et passant à travers une galerie construite également en marbre, avant de s'écouler dans un lit profond, rappelle Tivoli d'une manière frappante. C'est cependant une beauté d'un autre genre. Tivoli semble apparaître comme un délicieux oasis au milieu de la campagne romaine, abandonnée à une morne aridité. Cobadonga, au contraire, se dresse comme un fragment de l'Arabie Pétrée, au sein d'une contrée vaste et riante. Dans ce Tibur, où Horace et ses amis venaient se délasser du bruit de Rome, tout parle du paganisme, gracieuse déification de la volupté : dans l'asile, au contraire, que Pélage s'était choisi avec ses compagnons, et que saint Antoine eût aimé à trouver dans la Thébaïde, rien ne vient flatter les sens pour les amollir ; car tout y est chrétien, le lieu comme les souvenirs! Pour l'amour et l'amitié, je préférerais Tivoli ; mais tout seul, livré à l'étude et à la méditation, je choisirais Cobadonga.

Une quinzaine de maisons sales et misérables, dispersées de chaque côté de la cascade sur un terrain accidenté, constituent tout le pueblo de Cobadonga, où l'on trouve cependant, isolée comme la pauvreté, une mauvaise fonda établie dans le vaste et lugubre local d'un couvent utilisé de cette manière. Les cellules qu'on nous offrit pour la nuit, ne nous ayant convenu sous aucun rapport, nous retournâmes à Cangas de Ouis, qui n'est éloigné que d'une lieue et demie de Cobadonga.

Lorsque Cangas était une capitale, *Villa-Nueva* qui l'avoisine, et où l'on passe en se rendant à Ribadesella, avait l'honneur d'être une résidence royale. Une partie du palais habité par Alphonse Ier se trouve, pour ainsi dire, incrustée dans un couvent qui l'a remplacé pour être délaissé à son tour. Ce qu'il y a de curieux dans ce monument appartenait à la demeure du roi et non à celle des moines, à ce que je suppose. Les colonnes qui servent aujourd'hui à décorer le dehors d'une église, antérieures au genre gothique ou arabe, sont de cette époque où l'art ayant cessé d'être romain, se débattait dans l'incertitude des formes qui se trahit par la variété des chapiteaux. La même diversité règne dans les corniches : elles représentent des figures grotesques et symboliques. Quelques-unes offrent des monstres accroupis, tout-à-fait semblables au Typhon de Dendera et d'autres temples de la vallée du Nil. J'observerai à ce sujet que dans les vieux restes de sculpture espagnole on remarque parfois une singulière coïncidence avec la sculpture Egyptienne, coïncidence fortuite, sans contredit, qui découlait naturellement du cerveau de l'artiste, errant à tâtons dans l'oubli de toutes les règles, mais obéissant à des inspirations soudaines qui l'amenaient à reproduire, à son insu, des choses produites ailleurs. Tailleurs de pierre, peintres ou poètes, il y a parmi les artistes une conformité secrète qui apparaît d'une manière étrange dans l'exécution de la pensée, à des périodes de temps éloignées les unes des autres, et parmi des nations opposées par leur caractère, leurs mœurs et leur religion. C'est que, dans l'humanité, quelque variée et progressive qu'elle soit, il existe une immense identité que la distance, pas plus que l'accumulation des siècles ne saurait détruire... Pour en revenir au palais d'Alphonse Ier, je ne vis pas sans surprise, dans certaine corniche, la configuration parfaite des organes de la génération. On ne saurait chercher ici une signification mystique comme dans le Lingam de l'Inde, et il me paraît tout simple de supposer que le roi aura voulu faire une plaisanterie, grossière à nos yeux, mais que les dames de la cour, dans le moyen-âge libre et naïf, pouvaient fort bien trouver de bon goût. Je ne parlerai pas de l'intérieur du couvent, où quelques piliers sont curieux par leur antiquité. Quant à l'église, vieille et petite, elle renferme, outre une de ces vierges en bois habillées à la mode du dix-huitième siècle, qu'on trouve dans toutes les églises d'Espagne, deux tableaux de petite dimension relatifs à l'histoire de Don Favilla, et dont l'un représente son fameux combat avec un ours. Le roi, armé d'un glaive et d'un bouclier, a l'air de lutter contre le terrible animal, suivant toutes les règles de l'art. Cette peinture, intéressante par son style, pourrait être contemporaine de l'évènement dont les habitans de Cangas vous montrent orgueilleusement la place sur une colline qui s'élève auprès de leur cité.

A *Cobiella*, la Vua se jette dans la Sella, qui est navigable à deux lieues et demie de la mer. Cette rivière devient tellement sinueuse qu'elle apparaît souvent bornée de tous côtés, comme un lac, par des montagnes de marbre et de quarzite qui se groupent bizarrement en cônes de toutes les dimensions, et prennent quelquefois les formes les plus pittoresques. Un roc énorme, qui de loin simule parfaitement le dossier d'un fauteuil *renaissance*, a donné lieu à une légende. Une femme grecque, jetée, on ne sait trop comment, dans les Asturies, venait, dit-on, toutes les nuits, s'asseoir en cet endroit pour y pleurer un enfant qu'elle avait perdu. Demandez à un paysan ce que c'est que ce roc, il vous répondra : « *La silla de la Greca.* »

A une demi-lieue de Ribadesella, nous nous écartâmes de notre chemin pour visiter une exploitation abandonnée de charbon de terre. La position en est des plus favorables, des galeries pouvant être percées à une courte distance de la rivière ; mais le terrain, en partie resserré, en partie brouillé, exigerait, comme simple étude, plus de frais que n'ont voulu en faire MM. Bec-de-Lièvre, concessionnaires de la houillère, découragés peut-être avec raison par des avances assez considérables, sans apparence de bénéfices prochains.

Ribadesella n'a que 1,200 âmes, mais elle peut s'enorgueillir, à juste titre, de posséder le meilleur port de la côte Asturienne : il a en tout temps vingt-six pieds de profondeur. Une autre gloire que ce pueblo semble répudier, c'est d'avoir donné le jour au célèbre Arguellès, à la parole d'or. La raison en est que le tuteur actuel de la reine n'a rien fait ni pour sa province, ni pour sa famille. Faut-il voir en cela un désintéressement poussé à l'excès, ou un calcul égoïste d'homme d'Etat? Quoi qu'il en soit, un patriotisme large et intelligent passerait par-dessus toute considération individuelle, quelque pure qu'elle puisse être, pour aider les citoyens de Ribadesella du concours gouvernemental dans l'exécution d'un projet que réclament également l'intérêt de la province et celui de toutes les Espagnes. Nous voulons parler d'une route macadamisée qui, venant de la vieille Castille et passant par Cangas de Ouis pour aboutir à Ribadesella, rapprocherait de la mer Valladolid, rendrait le transport des laines et des grains moins coûteux, et raviverait une portion perdue, pour ainsi dire, de la Péninsule. Gijon, dont l'entrée est souvent inaccessible, et Santander, qui craint de voir disparaître ce que sa position actuelle a de favorable, jettent les hauts cris à une prétention de concurrence exorbitante à leurs yeux, et la voix de quelques députés provinciaux, étouffée même dans les Asturies, ne parvient pas à se faire entendre à Madrid, où Arguellès, en sa qualité d'Espagnol seulement, semblerait placé pour l'appuyer, s'il le faut, de la sienne. Comment voulez-vous, après cela, que Ribadesella reconnaisse ce bel orateur pour un de ses citoyens?

On compte trois lieues de Ribadesella à *Calunga*. Ces trois lieues sont très longues, ma foi! Au hameau de Berbès, nous fîmes halte pour voir un filon de fer qui apparaît au-dessus d'une fontaine. De là, par de mauvais sentiers, nous allâmes visiter une triste montagne qu'on appelle *la Furca*. On y découvre, suivant le géologue qui nous accompagnait, des traces de cuivre et de cinabre. Je ne me donnai pas la peine de vérifier cette assertion, préférant me reposer dans un petit bosquet de châtaigniers avec les chevaux, qui refusaient de gravir davantage. A *Carabia*, nous retrouvâmes le *camino real*, que notre excursion nous avait fait perdre à Berbès. Ce *camino real*, comme beaucoup de routes affublées de ce titre pompeux, offre, la plupart du temps, l'image d'un affreux éboulement. Nos méchantes rosses plièrent le genou plus d'une fois et arrivèrent éreintées, en nous éreintant, à Calunga, chef-lieu de Concejo. Un cabaret, tenu par une bonne et grosse paysanne, est la seule auberge de cet endroit, qui n'est qu'un amas de vilaines masures réunies par deux rues boueuses et dépavées.

Je revins avec plaisir à Villaviciosa. La contrée y est belle de tous les côtés, offrant une succession de beaux champs cultivés, de vertes collines et de bosquets charmans. Les routes, assez bonnes dans la plupart des directions, sur un court espace, il est vrai, s'emplissent, vers le soir, de voyageurs à cheval, de chariots traînés par des bœufs, de paysans marchant armés d'énormes gaules, et de sveltes paysannes qui, malgré les fardeaux dont leurs têtes sont chargées, cheminent toujours avec aisance, le corsage en avant. La population *errante* est si compacte et si pressée, qu'on se croirait vraiment dans le voisinage de quelque grande cité, et non d'un bourg de 1,200 âmes. On peut dire que la fertilité du sol s'est communiquée à l'homme, tant les habitations, groupées en hameaux, fourmillent tout à l'entour. Cette campagne, qui embrasse Villaviciosa, Val-de-Dios, Rosadas, Vinon et Sainte-Eulalie, apparaît, par un beau soleil, comme un séjour enchanté. Aussi eûmes-nous bientôt décidé de nous y arrêter pendant cinq ou six jours, en choisissant Villaviciosa pour notre pied-à-terre. Nos matinées furent consacrées à d'agréables excursions. Vinon nous revit plusieurs fois; nous y fîmes même quelques recherches dans des couches de houilles qui semblaient promettre de grandes richesses. Toutefois ces travaux, dont le résultat ne fut pas satisfaisant, n'absorbaient pas tout notre temps. Cette étroite vallée, ou plutôt cette gorge, est intéressante à étudier. Je parcourus les hameaux qui y sont parsemés, et je montai sur les cimes élevées de la double rangée de montagnes que divise un limpide et harmonieux ruisseau. Cabrera est le point le plus haut qui s'offre aux regards qu'il fascine par la forme bizarre de son sommet, ressemblant à un bonnet phrygien d'une manière d'autant plus frappante que le roc s'arrondissant tout-à-coup, vient trancher par sa couleur grise sur la verdure dont se couvre le reste du mont.

Mais il me tarde de me plonger dans la ravissante vallée appelée avec raison *Val-de-Dios*. Pour y arriver, on quitte la route d'Oviedo après l'avoir suivie pendant une lieue. Au centre s'élève agrestement le village qui porte le nom de cette vallée, sans rivale peut-être pour la parfaite harmonie des détails. Un couvent qui s'étend en deux spacieuses cours, occupe, dans un endroit boisé, le fond de l'admirable tableau que je tenterais vainement d'esquisser. J'y fus reçu avec toute l'hospitalité imaginable par un ex-moine devenu administrateur des rentes de l'établissement religieux, dont il s'est vu obligé d'abandonner l'habit. Des salles immenses, aujourd'hui désertes, des corps-de-logis inachevés, comme à Loyola, en Biscaye ; des terres attachées au couvent et vendues par morceaux, disent assez qu'un nouvel ordre de choses règne en Espagne. La bibliothèque, gaspillée et bouleversée, ne contient que des livres de théologie. Je demandai au bon religieux qui m'accompagnait s'il y avait là une *Vie de saint Bernard*, dont les disciples occupaient Val-de-Dios. — « Il en existait bien une, dit-il, en un gros volume. Je l'ai prêtée, et je ne me souviens pas à qui. En attendant, elle ne rentre pas dans la bibliothèque. » L'église, dont la première fondation est attribuée à Alphonse IX, est surtout intéressante par ses nombreuses figures en bois, coloriées et dorées, d'une date assez récente. Deux bas-reliefs encadrés à la mode du dix-septième siècle, représentent, l'un, la mort de saint Bernard, veillé par des anges, et l'autre, le miracle que je vais rapporter aussi textuellement que possible, d'après les paroles de mon cicérone. — « Ayant appris la mort d'un pape, notre saint fondateur se rendait à Rome en toute hâte, dans la voiture rouge, richement ornée, que vous voyez, pour assister au conclave. Le diable, qui est très malin, prévoyant la salutaire influence que pourrait exercer son redoutable adversaire, s'avisa de le retarder dans son voyage en cassant une roue de la voiture. Saint Bernard, après avoir dompté le démon par un puissant exorcisme, lui commanda de se mettre à la place de la pièce de bois qui manquait à la roue et de tourner avec elle. Il arriva ainsi dans la capitale de la chrétienté, où sa gloire fut amplement rehaussée par ce miracle manifeste. » — Chacun des quatre pilastres qui soutiennent la coupole est surmonté d'un cavalier à cheval, sous lequel se groupent d'autres figures humaines. Ce sont les quatre principaux bienfaiteurs du couvent, dont deux rois et deux nobles seigneurs. A cette hauteur, hommes et chevaux, paraissant suspendus dans l'air, font un effet prodigieux. J'eus occasion d'admirer encore une fois le talent avec lequel les artistes espagnols ont su tailler et colorier le bois, l'assouplissant aux plus étranges fantaisies de leur imagination. Une chapelle contient peints à fresque les principaux évènemens de la vie de saint Bernard. On le voit arrivant jeune, adolescent, dans une retraite religieuse dont les pieux habitans le reçoivent à bras ouverts ; puis, ayant lui-même fait divorce avec le monde, il refuse d'admettre en sa présence une sœur chérie, parce que celle-ci, trop pleine d'une vanité condamnable, arrivait parée d'une manière éblouissante et accompagnée de belles dames.

Ici comme dans les sculptures, tous les personnages sont habillés comme du temps de Louis XIV, ce qui frappe surtout dans une troisième fresque, où le saint prêche la croisade, à ce que je suppose, car l'ex-moine, qui connaissait parfaitement les miracles de saint Bernard, ne put me le dire au juste, ignorant tout-à-fait cette circonstance de la vie du fougueux adversaire d'Abeilard. Les dorures, toujours sur bois qui enjolivent tous les autels, donnent de prime-abord à l'église un aspect général riche et somptueux. Je n'ai rien à dire d'une autre petite église adjacente, plus basse de sol et d'une architecture toute primitive. Je terminerai en observant fort peu poétiquement que tout cet immense bâtiment, consacré jadis à la béate oisiveté, ne demande qu'un acheteur pour être converti en fabrique. On pourrait y organiser une papeterie, car un joli courant d'eau qui, dans la vallée de Val-de-Dios, fait mouvoir plusieurs moulins, passe sous les murailles mêmes du couvent.

Les notes éparses, coordonnées à la hâte dans cet article, ont pu donner quelque idée d'une région inconnue, qui n'entre jamais dans l'itinéraire des nombreux touristes de la Péninsule. Il me reste à présenter un résumé général.

Isolée de l'Europe par une mer orageuse, isolée de l'Espagne par un croissant de montagnes, isolée dans son propre sein, pour ainsi dire, par l'absence de ces centres civilisateurs qu'on appelle villes, la province des Asturies est toute sauvage. Mais que cette épithète, appliquée ici dans un sens moral, n'éveille pas l'idée d'une nature grandiose et hardie comme en Suisse ou dans le Tyrol. Il ne faut pas s'attendre à y voir des pics élancés, des torrens impétueux, des forêts profondes. Mais, comme dans le Würtemberg et la Saxe, vous y trouverez de riantes collines, des ruisseaux au doux murmure, des bosquets au frais ombrage. Cobadonga peut passer pour une exception. Il existe aussi des espaces occupés par des arbres séculaires; mais c'est dans les gorges inaccessibles qui avoisinent la Castille, lieux abandonnés aux ours et aux sangliers, et que le voyageur ne rencontre pas, à moins d'y pénétrer exprès le fusil sur l'épaule et un coutelas à la ceinture. Pas un seul lac ne vient s'harmoniser avec la suavité des sites. Les rivières méritent rarement le nom de fleuves. Le Nalon ne devient imposant que vers son embouchure.

Le climat est humide. Autant les pluies sont rares de l'autre côté des Pyrénées, autant elles sont fréquentes de celui-ci. La chaleur de l'été, toujours supportable, se trouve encore tempérée par des brises constantes. Le froid, en hiver, est également peu rigoureux ; mais c'est alors surtout que l'influence de l'humidité, dont on est mal garanti dans les habitations, vu l'absence totale de cheminées, se manifeste par des maux de tête, des fièvres et des maladies scrofuleuses. La gale, due à la même cause, jointe à la saleté, et, je pense, à l'abus du porc sous toutes les formes possibles, afflige les hameaux, les villages et les villes. Les indigènes traitent cette indisposition avec légèreté, et ne prennent aucune précaution pour en garantir leurs enfans. Dans les régions élevées, sur le versant des montagnes, les goîtres, qui s'attaquent surtout aux femmes, font contraster la misère dégradante de l'existence humaine avec la beauté inaltérable de la nature.

Le terrain houiller s'étend sur un grand espace,

comme on a pu le voir ; c'est pour la province le principe de sa richesse future ; mais jusqu'à présent ce minéral précieux ne lui a été que d'une utilité fort restreinte. Renchéri par l'irrégularité des exploitations faites principalement par les villageois, et par les difficultés du transport, opéré dans des chariots attelés de bœufs, et dans des sacs à dos de cheval ou de mulet, le débit en est naturellement très borné, ainsi que sa production. Toute idée d'exportation en France serait chimérique dans l'état actuel des choses. L'Angleterre vend son meilleur charbon 2 fr. 50 c. le quintal métrique, à Nantes et à Bordeaux ; les Asturies ne fourniraient pas le leur aux mêmes ports à moins de 3 fr. 50 c. le quintal métrique, en évaluant au minimum. Malgré la protection du gouvernement, la concurrence anglaise ne laisse pas d'être redoutable, même en Espagne, où il se fait en houille une consommation annuelle d'à peu près un million de quintaux métriques. La province qui nous occupe n'arrive à livrer que la huitième partie du chiffre nécessaire. Les manufacturiers de la Galice et les maîtres de forges de l'Andalousie aiment souvent mieux payer plus cher, en faisant à l'étranger des marchés qui les assurent de leur approvisionnement, que de se trouver à la merci d'exploitations chanceuses et précaires. En attendant la construction des chemins de fer ou la canalisation des rivières, alternative à laquelle on devra recourir quand on voudra faire obtenir une grande extension commerciale à la houille indigène, un emploi utile et lucratif pourrait lui être donné par l'établissement de quelques hauts-fourneaux, ainsi qu'a pensé le faire M. Aguado. Le fer, quelquefois d'excellente qualité, abonde dans la province et souvent dans le voisinage immédiat du charbon de terre, comme à Tudela, par exemple; jamais on n'a songé à en tirer parti, et les maîtres de forges, en petit nombre dans les Asturies, n'ont que des établissemens à la catalane, où ils consomment du charbon de bois en travaillant le minerai apporté à grands frais de *Samorostro*. Les mines de *cuivre*, de *zinc*, de *cinabre*, de *cobalt*, etc., etc., dispersées çà et là, généralement connues, ne sont pas exploitées davantage. Ce qui tue dans son germe toute idée d'exploitation dans ce genre, c'est toujours la même raison, les embarras du transport. Les Romains, à en croire quelques historiens, exploitaient sur ces côtes des mines d'or et d'argent dont il ne reste plus de traces. Le marbre est la pierre ordinaire du pays; mais les habitans, en l'employant, ne se donnent pas la peine de le polir.

Les Asturies, où l'agriculture est loin d'être aussi avancée que dans les provinces basques, offrent sans contredit une grande fertilité. Les châtaignes et les noix, dont il s'exporte annuellement pour 10 millions de réaux, se récoltent partout. Les pommes, très abondantes, fournissent un cidre qui ne le cède en rien à celui de la Normandie. Les pêches, les prunes, les poires et les melons réussissent parfaitement. Parmi les céréales, le maïs croît de préférence et s'élève à une hauteur prodigieuse. Dans plusieurs *concejos*, de superbes forêts de chênes tapissent les montagnes. La flore, aussi riche que variée, n'a pas été bien étudiée, et cache sans doute une foule de plantes précieuses pour la médecine et l'industrie. Quant aux productions les moins favorisées sur cet heureux sol, je citerai la vigne, l'oranger et le citronnier.

Quelques mots sur le règne animal. Le bœuf est l'indispensable serviteur du paysan Asturien, qui, sans lui, serait aussi embarrassé dans ses communications journalières que le Bédouin de l'Arabie pour franchir les déserts, sans l'aide du chameau. La vache est soumise aux mêmes corvées, aussi ne donne-t-elle qu'un lait d'une qualité très inférieure. Cependant, dans les fertiles pâturages de Ponga, on fait un excellent fromage connu sous le nom de *caso*, et fort semblable pour le goût à celui de Roquefort. Les chevaux, les ânes et les mulets se rencontrent assez rarement, et paraissent également petits, chétifs et faibles, ce qui ne les empêche pas de supporter patiemment la fatigue. Si l'on ne voit presque pas de moutons, les cochons, en revanche, font pour ainsi dire partie des familles villageoises.

L'Asturien est grand, fort et élancé; sa figure exprime l'intelligence. Il est plus prévenant que l'habitant de la Vieille-Castille et que celui des provinces basques. Quoique laborieux, il ne comprend pas la valeur de l'argent quand ses besoins sont satisfaits. A cette indifférence apathique qui caractérise plus ou moins toute la nation est dû l'état arriéré de l'Espagne. Le pauvre et le riche, également sobres et faciles à satisfaire, paraissent campés dans leurs habitations. L'Asturien est négligé et malpropre, par goût autant que par insouciance : tout lui paraît bon à mettre sur le corps les jours ouvrables, comme pour faire ressortir encore mieux, quand vient le dimanche, l'éclat d'un habit neuf, et même quelquefois le luxe d'une chemise blanche. Orgueilleux en sa qualité d'Espagnol, il ne trahit pas ce sentiment par une morgue dédaigneuse et insolente, comme fait le Castillan, mais le manifeste d'une manière moins choquante par la familiarité amicale de ses paroles et de ses actions. D'un caractère endurant, il ressent néanmoins vivement l'injure, et lorsqu'une fois il cède au désir de la vengeance, l'énorme bâton qui ne le quitte jamais lui sert à asséner des coups terribles. Cette arme, il la manie aussi bien que le *pasiego*, contrebandier de la montagne de Santander, et mieux que le Biscayen, qui a souvent recours au couteau.

Les femmes ont des traits réguliers, sans être ni belles ni jolies, elles ont la taille haute et svelte. La proéminence de leur sein indique que la nature les a particulièrement destinées à devenir mères et nourrices. Il ne faut leur demander ni un petit pied, ni des hanches voluptueusement prononcées, ces charmes ineffables des Andalouses. Elles marchent avec majesté plutôt qu'avec grâce. Le travail rigoureux auquel elles sont soumises de bonne heure, et l'humidité de l'atmosphère dans laquelle elles vivent, donnent à leur tempérament une froideur septentrionale. Aussi la fidélité conjugale, j'ose le garantir, est-elle une vertu à l'ordre du jour chez les Asturiennes. On doit peut-être l'attribuer à l'amour qu'elles portent à leurs enfans plutôt qu'à leurs maris.

La population étant disséminée dans d'innombrables hameaux, la vieille terre de Pélage semble très habitée, mais le serait bien plus si, avec toutes les conditions requises pour le progrès, elle n'était restée en quelque sorte pétrifiée dans la satisfaction des premières exigences de la vie et la culture des vertus patriarchales. Une impulsion puissante lui a toujours manqué, et non la sève, qui a produit des hommes tels que Jovellanos, Riego (1), Arguellès et Florez-Estrada. Il

(1) Riego naquit à Oviedo; M. de Toreno, que je ne saurais mettre sur la même ligne, reçut également le jour dans les Asturies, à Pravia, petit port à l'embouchure du Nalon.

avait plus de clairvoyance instinctive qu'on ne le pense, ce gouvernement despotique qui se garda de favoriser le développement des ressources matérielles du pays. L'émancipation de l'esprit découle si facilement du bien-être physique ! Ce que le gouvernement n'a pas voulu faire, l'industrie individuelle, soit des indigènes, soit des étrangers, peut le tenter aujourd'hui. Des spéculations sagement conçues n'auront pas pour unique résultat la fortune de quelques hommes ; elles lanceront dans une voie toute nouvelle une partie de la grande famille humaine. — Avant de terminer, qu'il me soit permis de faire un appel à ces individus aventureux que l'envie d'améliorer leur position sociale pousse dans des contrées lointaines, ainsi qu'aux capitalistes qui désirent rendre productif ce qu'ils possèdent. Au lieu de se perdre dans les régions du Nouveau-Monde, qu'ils apportent leur travail et leur argent dans les Asturies, et il ne leur faudra qu'un peu de persévérance pour réussir. Les mines de charbon présentent des avantages bien autrement réels que les mines d'or, pour lesquelles, il y a vingt ans, tant de capitaux allèrent s'engloutir dans le Chili et le Pérou. Toutes les industries, depuis la fabrication des instrumens de première nécessité jusqu'aux tissus ingénieux dont l'usage se répand de plus en plus, restent à créer sur ce sol, où la production est à bon marché et la consommation sous la main. Double garantie de succès qu'on chercherait vainement en Amérique.

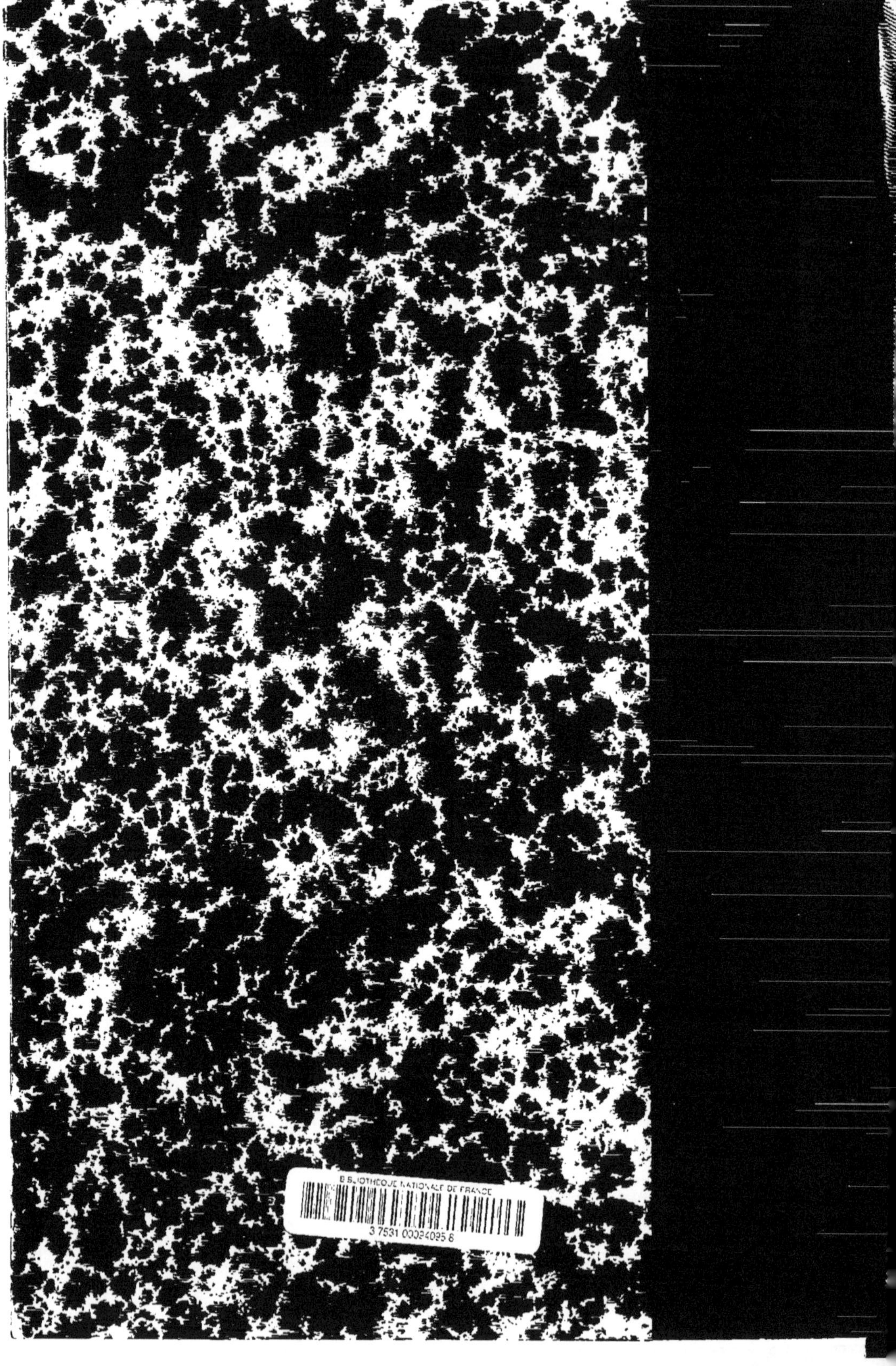

www.ingramcontent.com/pod-product-compliance
Ingram Content Group UK Ltd.
Pitfield, Milton Keynes, MK11 3LW, UK
UKHW020207200726
13856UKWH00003B/1237

9 782011 927316